极简中国地理图鉴

—— 古诗词里的中国 ——

文廷 编著　邓所恽 绘

石油工业出版社

图书在版编目（CIP）数据

极简中国地理图鉴 / 文廷编著；邓所恽绘. —
北京：石油工业出版社，2021.2
　　（古诗词里的中国）

　　ISBN 978-7-5183-4196-2

　　Ⅰ.①极… Ⅱ.①文… ②邓… Ⅲ.①地理—中国—
青少年读物 Ⅳ.①K92-49

　　中国版本图书馆CIP数据核字（2020）第169081号

选题策划：艾　嘉
艺术统筹：艾　嘉
责任编辑：曹秋梅　李　丹

出版发行：石油工业出版社
　　　　　（北京安定门外安华里2区1号楼　100011）
　　　　　网　　址：www.petropub.com
　　　　　编辑部：（010）64219110
　　　　　团购部：（010）64523649
经　　销：全国新华书店
印　　刷：北京中石油彩色印刷有限责任公司

2021年2月第1版　2021年2月第1次印刷
889毫米×1194毫米　开本：1/16　印张：9.25
字　　数：50千字

定　　价：49.80元
（如发现印装质量问题，我社图书营销中心负责调换）

目　录

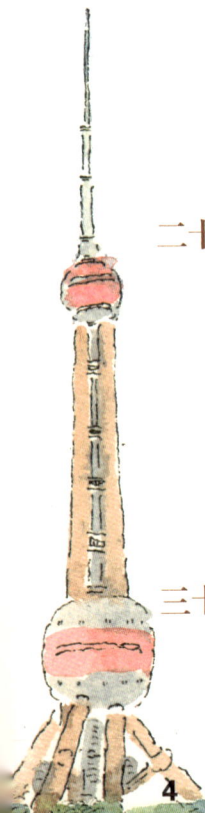

行走中原

从事东军正四年，相逢且喜偃兵前。

看寻狡兔翻三窟，见射妖星落九天。

江上柳营回鼓角，河阳花府望神仙。

秋风萧飒醉中别，白马嘶霜雁叫烟。

——《蔡平喜遇河南马判官宽话别》/ 鲍溶

中原，天下至中的原野，作为华夏文明的摇篮，它孕育了历史悠久又魅力无边的中华文化。

北京市，简称"京"，是中华人民共和国首都，是我国的政治中心、文化中心、国际交往中心、科技创新中心。

北京市

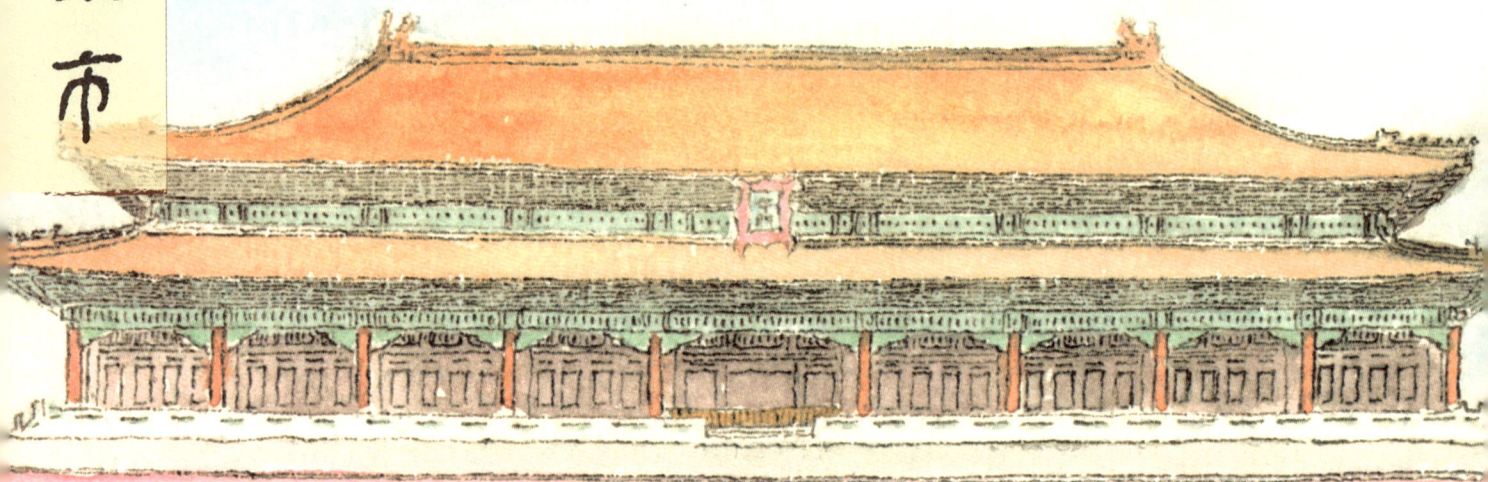

故宫

故宫是明、清两个朝代的皇家宫殿，里面的建筑雕梁画栋，造型之宏伟，装饰之精致，堪称国宝，也堪称世界建筑的宝藏。世界五大宫分别是中国的故宫、法国的凡尔赛宫、俄罗斯的克里姆林宫、英国的白金汉宫和美国的白宫。

颐和园

　　颐和园是我国古代皇家园林。虽然这座园林建在北方，但是，它的建筑艺术借鉴了南方园林的特点，所以，整座园林既有皇室恢宏的气度，也有十分精致的江南韵味。颐和园是我国四大名园之一，其他三座分别是河北承德避暑山庄、苏州拙政园及苏州留园。

八达岭长城

　　八达岭长城是明长城的隘口。明长城，是明朝修建的长城，和我们常说到的秦始皇命人修建的长城不同。长城的修建，并非在一个时期统一完成，而是历经了由战国至明朝的多个朝代。长城的修建主要是为了抵御敌人进攻，可以勘察敌情，发出预警，方便调动兵力作战等。

古北口

　　古北口位于北京密云，自古以来就是兵家必争之地。明朝迁都以后，大修长城。古北口因地处北京与东北、内蒙古地区往来的咽喉要道成为山海关与居庸关长城上的重要隘口。如今，古北口被打造为一个集休闲与旅游为一体的旅游小镇。

明十三陵

明十三陵是明朝十三位皇帝陵墓的总称，它们分别是长陵、献陵、景陵、裕陵、茂陵、泰陵、康陵、永陵、昭陵、定陵、庆陵、德陵和思陵。其中，长陵埋葬的就是著名的明成祖——朱棣。因为朱棣在位期间年号为永乐，所以，世人又称之为永乐大帝。朱棣不仅多次派郑和下西洋，同时，还命人编修了《永乐大典》这部中国百科全书式的文献集。

燕京八景

在古代的时候，北京就有"燕京八景"（也有"燕京十景"）的说法，也就是北京这个地方十分著名的八处景物，比较普及的表述是：太液秋风、琼岛春阴、金台夕照、蓟门烟树、西山晴雪、玉泉趵突、卢沟晓月、居庸叠翠。这些景物分别在太液池（今中南海）、琼华岛（北海公园）、黄金台、蓟门烟树碑、西山、玉泉山、永定河、居庸关。

5

天津市，简称"津"，是中华人民共和国直辖市，也是首批沿海开放城市。

天津市

独乐寺

独乐寺位于天津蓟州区，是一座历史十分悠久的辽代寺院。像这样的辽代寺院我国仅存三座。独乐寺是辽代的建筑，但是，在岁月的长河中，它也经历了破损、修葺、扩建，所以，它的一部分建筑是明、清两朝修建。

海河

海河是华北地区最大的水系。海河水系的上游有五大支流，分别是北运河、永定河、大清河、子牙河、南运河，在天津合流后经海河流入渤海。

黄崖关古长城

　　黄崖关古长城是天津黄崖关一带的古长城建筑。黄崖关古长城，蜿蜒在崇山峻岭之间，依稀能让人感觉到军事防御建筑的雄伟。这里的城墙既有石墙，也有砖墙，石墙的历史可以追溯到北齐，砖墙的历史可以追溯到明朝。从整体的建筑造型来看，可以称为明长城的典型代表。

天津文庙

　　明朝时，全国的府、州、县都有设立府学、州学、县学，边防卫所就设立卫学，这就是当时的官办学校。当时，天津设立了卫学，这就是文庙的前身。后来，天津卫改天津州，卫学就变成了州学，再往后，又升为了府学，天津文庙也随之升为府庙。

九山顶

　　九山顶被称为天津最高峰。据说，九山顶这个名字还是清朝顺治帝所赐，象征着"九五至尊、九九归一"。九山顶的山势十分雄奇险峻，水流也很清奇壮观，深林青葱滴翠，山洞神秘清幽。

津门十景

　　北京有"燕京八景"，天津有"津门十景"，它们分别是天塔旋云，地点在天津广播电视塔；蓟北雄关，地点在蓟县（今蓟州区）黄崖关长城；三盘暮雨，地点在蓟县盘山；古刹晨钟，地点在蓟县独乐寺；海门古塞，地点在大沽口炮台；沽水流霞，地点在海河风景线；故里寻踪，地点在古文化街；双城醉月，地点在南市食品街、南市旅馆街；龙潭浮翠，地点在水上公园；中环彩练，地点在中环线。

河南省，简称"豫"，省会郑州，是中华民族与中华文明的主要发祥地之一。

洛阳

洛阳在古代的时候称为雒阳、豫州。提到洛阳，必然要提洛阳牡丹。洛阳牡丹，天下闻名，所以，牡丹也成了洛阳的市花。洛阳因为历史悠久，为世人留下了丰富的文化遗产，如夏都二里头遗址、偃师商城、东周王城、汉魏故城、隋唐洛阳城等五大都城遗址。这些都是中华文明的瑰宝。

商丘

商丘是华夏文明的发祥地。商丘被称为"三商之源"，"三商"分别指商人、商品、商业。商丘也出了很多历史名人，比如，燧人氏、帝喾（kù）。历史上，成汤灭了夏朝，在此建立了商朝。

少林寺

少林寺位于河南登封嵩山，据说，少林寺这个名称来源于少室山林木丰茂。作为汉传佛教的禅宗祖庭，少林寺也有"天下第一名刹"的美称。很多影视作品都提到过少林寺，当年，电影《少林寺》在影院播出时，简直万人空巷。

开封

开封简称为"汴"，古代被称为"东京""汴京"。开封历史悠久，是八朝古都。开封的市花是菊花，菊花的培植、生长、盛行等在开封有很长的历史。据说在宋朝的时候，就有盛行种植菊花的风气。菊花朴素又雅致的风韵，或许正是它符合宋人审美的一个原因吧。

12

龙门石窟

河南的文化遗产很多，其中有一个艺术瑰宝最广为人知，它就是龙门石窟。龙门石窟，是我国的四大石窟之一，其他三个分别是莫高窟、云冈石窟、麦积山石窟。龙门石窟在历史长河中承受了颇多磨难，比如，风雨的自然侵蚀，人为的盗凿，灭佛运动和战争的破坏，现今保护良好。

老鸦岔

老鸦岔是河南第一高峰。因为自然环境保护得好，所以，一些稀有的动植物也可以在这里看见，如红豆杉、银杏、水曲柳、香果树等植物，还有金猫、豺、黄喉貂、林麝、金雕等动物。

河北省，简称"冀"，省会石家庄，是中国十分重要的粮棉产区。

河北省

正定

正定过去也被称为真定。正定是"北方三雄镇"之一，其他两个是北京和保定。正定是一座历史文化名城，这里有很多与历史、文化相关的建筑，比如，正定修建的一座荣国府，就是87版电视剧《红楼梦》中的荣国府的拍摄地。

山海关

山海关又称榆关、渝关、临闾关，是明长城的关隘之一。在边塞诗词里，"山海关"的出现频率很高，这也足以说明它有十分重要的政治军事作用。山海关和嘉峪关遥遥相对，成为我国万里长城的代表之一。山海关也被称为"天下第一关"。

北戴河

北戴河隶属河北秦皇岛市。北戴河因为特殊的地理位置，可以说得上是休闲度假以及避暑的胜地。中国的第一条旅游铁路专线和第一条航空旅游线，都是通往北戴河的。

承德避暑山庄

承德避暑山在过去被称为"热河行宫"，是清朝皇帝在夏天的时候处理政事以及避暑的去处。据说，康熙皇帝、乾隆皇帝每年都有很长一段时间在避暑山庄处理国家大事。承德避暑山庄的建筑格局是中国园林的代表作之一。

大慈阁

河北保定的大慈阁是一座具有历史价值的古代建筑，相传修建时间是元代，不仅建筑造型上十分宏伟漂亮，阁内保存的艺术珍品也很丰富。据说，大慈阁内还有香油坊，香油颇有名气，很受乾隆皇帝的喜爱。

崆山白云洞

崆山白云洞是我国北方的一处岩溶洞穴。形成于5亿年前的寒武纪，被专家誉为"地下溶岩博物馆"。岩溶就是水对可溶性岩石产生了一种化学溶蚀作用，导致岩石产生崩塌、冲蚀等现象。这也就是我们常说的喀斯特溶洞。

山东省

山东省，简称"鲁"，省会济南，是儒家文化发源地，也是中国温带水果之乡。

青岛

青岛是一座海滨城市，在这里能够吃到十分新鲜美味的海鲜。青岛更有名气的，自然就是青岛啤酒了。青岛啤酒不仅在中国销量很好，更是远销海外，比如韩国、日本、美国、德国、意大利等地。

泰山

被尊为"五岳之首"的泰山就位于山东省。秦朝的时候，秦始皇在泰山封禅。"封禅"就是皇帝祭祀天地的一种大型典礼，非常隆重。后来，也有很多功绩卓著的皇帝在泰山进行封禅，如汉武帝、唐玄宗等等。泰山还有四大奇观，说法有所不同，其中一种是：泰山日出、云海玉盘、晚霞夕照、黄河金带。

崂山

崂山位于山东青岛，古代的时候也曾被称为"牢山""劳山"。我们经常能听到"崂山道士"这样的说法，因为崂山是我国道教的发祥地之一，同时，崂山对佛教的发扬也有一定影响。

趵突泉

趵突泉位于山东济南,有"天下第一泉"的美称。济南有三大名胜,分别是趵突泉、千佛山和大明湖。趵突泉不是独立的泉眼,在它周边还有很多泉,这也就形成了十分独特的泉群,如有白龙泉、金线泉、漱玉泉、柳絮泉等等。

三孔

山东曲阜是孔子的故乡。曲阜也有"三孔"之称,分别指孔府、孔庙、孔林。孔府就是衍圣公府,是一座明代的公爵府,用来给孔子嫡系子孙管理孔子祭祀和家族事宜用。孔庙,是元、明、清朝的时候祭祀孔子的场所。孔林是孔子及其后代的墓地。

大明湖

大明湖是一处天然湖泊,此处亭台楼阁林立,四周风景如画。比如,历下亭就建在湖心小岛上,雕梁画栋,八角飞檐,很是精美。这里还有一座铁公祠。据说,在明朝的时候,朱棣想要夺权称帝,遭到了当时一个官员铁铉的抵抗,最终朱棣成功登基,铁铉被杀,人们为了纪念他,就建了一座铁公祠。

黄土高原上的银铃

重岗如抱岳如蹲，屈曲秦川势自尊。

天地并功开帝宅，山河相凑束龙门。

橹声呕轧中流渡，柳色微茫远岸村。

满眼波涛终古事，年来惆怅与谁论。

——《潼关河亭》/ 薛逢

黄土高原的风，吹向了四面八方，夹杂在风里的，
还有高原老百姓的山歌——"山丹丹花开红艳艳……"

陕西省

陕西省，简称"陕"，省会西安，是中华文明的重要发祥地之一，也是中国古代王朝的建都之地。

华山

华山被称为"西岳"，是我国的五岳之一。相传，在春秋时期，秦穆公有一个名叫弄玉的女儿，善于吹笙。她的丈夫萧史则善于吹箫。一天，两人吹奏乐器时，引得龙凤下凡，萧史乘龙，弄玉乘凤，飞走了。据说萧史原本就是神仙，后来成了华山之主。

西安

西安在古代的时候，被称为长安、镐京。西安、南京、北京和洛阳，并称为中国的四大古都。西安作为四大古都之一，很多皇室宫殿都修建在这里，如秦朝的咸阳宫，汉朝的长乐宫、未央宫，唐朝的大明宫等等。

彩鹮

咸阳

秦始皇统一六国之后，就将咸阳定为都城。咸阳是秦汉文化的重要发祥地，也被称为"中国第一帝都"。咸阳不仅有政治意义，它的经济价值也十分重要，因为咸阳也是古丝绸之路的第一站，是去往西域经商之路的起点。

法门寺

　　法门寺是一座供奉佛指骨舍利的寺院，正是因为十分珍贵的佛指骨舍利，这里成了佛教圣地之一。法门寺除了有佛指骨舍利，还有其他的珍品，比如，金银器、琉璃器、瓷器。在瓷器珍品中，"秘色瓷"十分珍贵且有研究价值。

秦始皇铜车马

秦始皇陵兵马俑

　　说到陕西，最有名的就是秦始皇陵兵马俑。秦始皇陵兵马俑也被称为"秦陵兵马俑"或者"秦俑"。在秦朝，主人身死后需要殉葬，其中一项为人殉，就是用活人殉葬，后来逐渐改为用陶土制作的人俑来代替活人殉葬。兵马俑出土时，是彩色的，现在我们看到的土灰色并不是原色。兵马俑被列为"世界第八大奇迹"，是世界艺术的瑰宝。

朱鹮

大雁塔

　　大雁塔位于陕西省西安市大慈恩寺内。大雁塔的修建主要是为了保存经卷等物。这些东西都是当年唐玄奘经由丝绸之路，从天竺带回中原的佛经、佛像、佛舍利等。大雁塔经过很多次改建修葺，所以它的塔层也有变化，据说最开始是五层，后来变成了九层，经过多次修建后，现在是七层。

山西省

山西省，简称"晋"，省会太原，有"华夏文明摇篮""中国古代文化博物馆"的称谓。

五台山

五台山是我国一处重要的佛教圣地。山西的五台山、浙江的普陀山、安徽的九华山、四川的峨眉山，被称为"中国佛教四大名山"。在世界范围内，我国的五台山，尼泊尔的蓝毗尼园，印度的鹿野苑、菩提伽耶、拘尸那迦，被称为"世界五大佛教圣地"。

壶口瀑布

壶口瀑布是我国第二大瀑布。在壶口瀑布附近，不仅有很有气势的山河，如孟门山等，也有天然洞穴，如龙洞等。

平遥古城

中国有四大古城，分别是重庆安居古城、四川阆中古城、安徽徽州古城和山西平遥古城。平遥古城被保存得很完好，整个建筑格局，包括民居、街道等都保存着明清时候的建制。平遥古城的饮食习惯是比较典型的山西饮食风格，面食很丰富，十分美味。

五老峰

五老峰原名"五老山"，它对道家具有很重要的意义。据说有五位老人在这里向伏羲传授《河图》《洛书》，五老峰因此得名。五老峰历史悠久，这里有很多朝代留下的文物古迹，如南北朝的石雕佛像、宋代的花砖等。

乔家大院

　　乔家大院是一座古宅，是十分典型的北方汉族民居。如果从空中俯视乔家大院的话，会看到它的整体造型是一个"囍"字。文学作品《乔家大院》，就是以此为原型创作的。

山西黑鹳

山西褐马鸡

云冈石窟

　　云冈石窟是我国的四大石窟之一。云冈石窟的造像十分雄伟，如第三窟的佛像，整尊佛像的造型十分圆润，面目祥和，姿势优雅。因为石窟很容易损坏，所以我们十分注重对石窟的保护和修缮。

遇见祁连山

葡萄美酒夜光杯，欲饮琵琶马上催。
醉卧沙场君莫笑，古来征战几人回？

——《凉州词》/ 王翰

　　在海拔四五千米的地方，祁连山的云雾缭绕着山上皑皑的白雪。若有幸，便能瞧见山上的雪莲和雪山草，这是一个清凉而安宁的地方。

甘肃省

甘肃省，简称"甘"，省会兰州，是中国十分重要的能源、原材料工业基地。

嘉峪关是明长城上的重要军事城堡，现在城堡上的城台、城壕等都保存得比较好，因为它重要的地理位置，所以被人称为"天下第一雄关"。

兰州

兰州小吃是很有代表性的甘肃饮食，如被称为"中国十大面条"之一的兰州牛肉面，面汤鲜香，面条爽口。据说，兰州牛肉面还有"一清二白三红四绿五黄"的说法，意思就是一清汤，二白萝卜，三红辣椒油，四绿葱和香菜，五黄面条。

28

崆峒山

　　崆峒山是道教的圣地。传说，在上古时期，有一位道教人士，名为广成子，他就在崆峒山修行。黄帝听说这是一位能人，便去向他求道，问他如何修身养性，如何治理天下。广成子都一一解答，于是，广成子对黄帝有一师之恩。有一种说法说广成子是太上老君的化身。

莫高窟

莫高窟位于敦煌，也被称为千佛洞。据说莫高窟的开凿时间可以追溯到前秦，在之后漫长的岁月之中，它历经多次扩建，才有了今天这样让人惊艳的规模。莫高窟有洞窟、壁画、彩塑等等，这些东西不仅是佛教文化瑰宝，更是世界艺术的瑰宝。这里出土了数不胜数的经卷、绘画等物，可以说是当之无愧的宝库。

月牙泉

月牙泉位于甘肃敦煌，因为泉的形状弯曲像一轮弯月而得名。月牙泉位于沙漠之中，周围生长着芦苇、青草、藻类等，黄沙不掩盖泉水，泉眼也常年涌现，这样的自然景观是当地的一道奇景，所以它也被称为"沙漠第一泉"。

敦煌

　　敦煌位于甘肃酒泉，是丝绸之路上的重镇。敦煌是我国有名的历史古城，所以，它的名胜古迹十分多，包括敦煌莫高窟、玉门关、阳关等。除了这些，当地还有很多独特的自然景观，如月牙泉、鸣沙山。从食物方面来说，敦煌的浆水面也颇有名气。

麦积山石窟

　　麦积山位于甘肃天水，它名字的由来是因为它的造型就像是麦垛。麦积山石窟是我国四大石窟之一，这里有丰富的宝藏，如石雕、壁画、泥塑、洞窟等。麦积山石窟长时间暴露在户外，坍塌损坏严重。

天山的雪

边城暮雨雁飞低，芦笋初生渐欲齐。
无数铃声遥过碛，应驮白练到安西。

——《凉州词》/ 张籍

　　天山是一个快活的地方，那里有少数民族的欢歌
笑语，那里有无数关于雪山的故事和传说。

新疆维吾尔自治区，简称"新"，首府乌鲁木齐，是我国五个少数民族自治区之一，是古代丝绸之路的重要通道。

新疆维吾尔自治区

天山

天山山脉横跨中国、哈萨克斯坦、吉尔吉斯斯坦和乌兹别克斯坦四国。在我国境内被称为天山山脉。它由三列山脉组成，天山北脉有阿拉套山、科古琴山、博罗科努山、博格达山等；天山中脉（主干）有阿拉喀尔山、那拉提山、艾尔温根山、霍拉山等；天山南脉有科克沙尔山、哈尔克山、贴尔斯克山、喀拉铁克山等。

新疆红隼

昆仑山

昆仑山被称为"中国第一神山"，很多神话故事里的神仙角色都住在这里。比如，西王母，相传她是个长着人的脑袋、豹子身体的神仙。昆仑山也出产玉石，所以，昆仑山也有"玉山"的称谓。昆仑山的玉被称为昆仑玉、青海玉，相比新疆和田玉的温润典雅来说，青海玉更加透亮莹润。

喀纳斯湖

新疆的喀纳斯湖有"人间仙境"之称。最有意思的是，当地一直都传说喀纳斯湖里有水怪，个头巨大，时常把在湖边饮水的动物拖下水去，人称"喀纳斯湖水怪"。

高昌古城

高昌古城位于现在的新疆吐鲁番。全城的格局比较严谨，一共有九个城门，基本上按照外城、内城、宫城三部分来布局。高昌古城在汉代的时候就有了，从中原地区前往西域，高昌是一个十分重要的交通枢纽，大家既可以在这里休息、补充物资，也可以直接选择在这里做交易。

吐鲁番

提到新疆，就不得不提吐鲁番。吐鲁番因为地势低，气候干燥，昼夜温差大，所以种植的葡萄含糖量十分高。当地还因此开展了"葡萄节"。吐鲁番还有很多历史悠久的古城或古城遗址，比如，高昌古城、交河故城等等。

交河故城

交河故城位于新疆吐鲁番的西面。交河故城有笔直的石崖，是十分有效的天然屏障。交河故城，相传为古代西域诸国之一的车师前国的都城，整个都城的形制是仿照当时的长安城来建设的，有官署、市井、街道、民居、作坊、佛寺等。

新疆葡萄

自在巴蜀

君问归期未有期，巴山夜雨涨秋池。
何当共剪西窗烛，却话巴山夜雨时。

——《夜雨寄北》/李商隐

巴蜀的山川流水，该是天下一绝。峨眉山的秀丽，青城山的幽静，九寨沟的奇妙，总有一处地方在等着你。

四川省

四川省，简称"川"，省会成都，也是大熊猫的故乡，被誉为"天府之国"。

成都

中国四大名绣之一的蜀绣就诞生在这里，其他三个分别是苏绣、湘绣、粤绣。而蜀锦织造技艺更是我国的非物质文化遗产。当然，爱吃的朋友也一定不会忘记成都最大的特色美食——火锅。四川火锅那种辛辣又让人欲罢不能的味道，让很多人对这个地方流连忘返。

九寨沟

九寨沟位于四川阿坝藏族羌族自治州境内，这里不仅栖息着大熊猫等珍贵的野生动植物，更充满了让人惊艳的美景。这个地方的湖水呈现五彩缤纷的颜色。因为一半以上都是原始森林，所以，在这里也能看到青绿的苔藓和野生动物的各种痕迹，有如仙境。

峨眉山

　　峨眉山位于四川乐山市，主要由大峨山、二峨山、三峨山、四峨山四座山峰组成。据说，峨眉山这个名字是因为该山山势像女子弯弯的眉毛而得。峨眉山上有很多佛寺、洞穴等名胜古迹。

四姑娘山

四姑娘山位于四川阿坝藏族羌族自治州境内，整座山峰连绵不断，很有气势。这个名字很有趣的山其实还分成了大姑娘山、二姑娘山、三姑娘山、幺姑娘山。四姑娘山有"蜀山之后"的美称，与有"蜀山之王"美称的贡嘎山相对。

岷江

岷江是长江上游一条十分重要的支流。关于岷江的源头，有两种推测，传统观念是认为岷江的源头位于四川松潘的岷山，新的观点则认为岷江的源头在大渡河。岷江流经茂县、汶川、都江堰、眉山、乐山等地。

都江堰

　　在秦昭王的时候，蜀郡太守李冰父子为了治理水患，开始修治水工程。都江堰由分水鱼嘴、飞沙堰、宝瓶口等部分组成，在漫长的岁月中，它一直发挥着有益于百姓的作用，或治理水患，或方便农田浇灌等。这项水利工程不仅代表了我国古代人民的智慧结晶，更是水利工程里的一大创举。

熊猫

青城山

　　中国"道教四大名山"分别是湖北武当山、江西龙虎山、安徽齐云山，以及四川青城山。青城山是中国道教的发源地之一，有"洞天福地"之美称。

重庆市

重庆市，简称"渝"，是中华人民共和国直辖市，是中西部的水、陆、空综合交通枢纽。

长江三峡

长江三峡主要由瞿塘峡、巫峡、西陵峡组成。北魏郦道元所写的《水经注》中有一句，"巴东三峡巫峡长，猿鸣三声泪沾裳"，表现了此处的猿啼和氛围。

林麝

武隆喀斯特

中国有喀斯特地貌的地方很多，桂林峰丛、阳朔峰林、长江三峡，重庆武隆等。重庆武隆的喀斯特地貌是我国南方喀斯特地貌的代表之一，其中的芙蓉洞有"天下第一洞"的美称。

白帝城

白帝城，位于重庆奉节瞿塘峡口的长江北岸。西汉末年，有一名县官名叫公孙述，他在任上的时候，励精图治，在他的管理之下，县城之内已经没有什么重大的犯罪案件了。后来，王莽篡汉，天下群雄并起，公孙述也在蜀地称帝，自称白帝，所以其所在城池名为白帝城。

洪崖洞

重庆洪崖洞是一处商业旅游区，主要建筑是十分具有巴渝特色的传统建筑——吊脚楼。这些吊脚楼的构造并不十分复杂，但是很有特色，依山而建，整体看起来，颇有一种空中楼阁的感觉。远远看去，整个洪崖洞仿佛是凌空而筑，很有一些仙气。据说，日本动画大师宫崎骏《千与千寻》动画里的建筑就是参考了这里。

阳彩臂金龟

巴渝十二景

巴渝十二景指的是重庆多处观赏性景点，比如，茶山竹海、龙水西湖等，这些景点都是新时代重新编排的景点。据说清朝的时候就有"古巴渝十二景"之说，古巴渝十二景之首就是金碧流香，据说是金碧山上无花无果，却香气四溢。

洞庭的岁月

万物都寂寂，堪闻弹正声。

人心尽如此，天下自和平。

湘水泻秋碧，古风吹太清。

往年庐岳奏，今夕更分明。

——《秋夜听业上人弹琴》/ 齐己

曾经的八百里洞庭，在岁月的磨洗和时光的变迁中，逐渐成了如今鱼米之乡的样貌。

湖南省，简称"湘"，省会长沙，自古有"惟楚有材"的美誉，近代涌现了魏源、曾国藩、谭嗣同、齐白石、沈从文等人。

衡山

衡山是我国的"五岳"之一，又有"南岳""南山"的说法。衡山也是我国道教与佛教很有影响力的地方之一。在道教文化里面，有"三十六洞天，七十二福地"，其中就有四处是在衡山。衡山山势雄伟，衡山的最高峰祝融峰，相传是为了纪念祝融氏而取名祝融峰的。

岳麓山

岳麓山位于湖南长沙岳麓区。我国的四大赏枫胜地分别是北京香山、南京栖霞山、苏州天平山，以及长沙岳麓山。岳麓山上还有一处爱晚亭，本来这座亭子名为红叶亭，后来有人根据杜牧的名句"停车坐爱枫林晚，霜叶红于二月花"将名字改为了"爱晚亭"。除了爱晚亭，这里还有我国四大书院之一的岳麓书院，这座古代书院目前保存得十分完好。

张家界

张家界是石英砂岩峰林地貌，一座座山峰犹如石笋一样。从空中俯视，山峰群在云雾缭绕之中，恍若人间仙境。由詹姆斯·卡梅隆执导的电影《阿凡达》里面的潘多拉星球就是在张家界取景的。

岳阳

　　巴陵指的就是现在的湖南省岳阳市岳阳县。这里有达观山自然保护区，有很多珍稀的野生动植物在这里自由生活，生态环境也保护得很好。岳阳有"江南三大名楼"之一的岳阳楼，正所谓"洞庭天下水，岳阳天下楼"，描写岳阳楼的名篇有北宋范仲淹的《岳阳楼记》。

永州

　　永州位于湖南的南部。永州的地势环境比较复杂，周围有山水环绕。在中国的历史之中，永州地理位置所体现的交通、军事作用都十分明显。江永女书是永州江永地区一种独特的文字。过去，这种文字只在当地女性之间流通，永州的女性通过这种文字来进行书面交流。

白胸苦恶鸟

凤凰古城

　　凤凰古城位于湖南湘西。凤凰古城人杰地灵，出过很多名人，比如，画家黄永玉、文学家沈从文、民国第一任民选内阁总理熊希龄等。

湖北省

湖北省，简称"鄂"，省会武汉，既被称为"千湖之省"，也是楚文化的重要发祥地。

云梦大泽

梦泽就是我们常说的云梦泽，也有一种说法是云梦大泽。从地理位置来看，在古代，云梦大泽主要是现在湖北省江汉平原上的古代湖泊群的总称。整个湖泊群的大小和形状随着时间流逝而有变化。

白眉蓝姬鹟

红嘴相思鸟

武昌

武昌在长江以南，是湖北的政治、经济、文化中心，武昌、汉口、汉阳合并为今天的武汉，所以，武昌也是武汉三镇之一。武汉有一道名菜，就是武昌鱼，做法有很多种，可以烤，也可以清蒸。武昌鱼营养丰富，肉质鲜美。

神农架

神农架国家森林公园主要由房县、兴山、巴东三县边缘一带的森林组成。这里的森林覆盖率很高，走进神农架，恍若走进一个郁郁葱葱的原始森林世界。关于神农架，很多人想到的或许就是神农架野人。有人说，在神农架发现了一种浑身长满了毛的十分像人的生物，据说还发现过相关的生存痕迹，但是，至今都没有找到这种野人真实存在的证据。

黄鹤楼

　　黄鹤楼位于武昌蛇山峰岭，与晴川阁、古琴台一起被称为"武汉三大名胜"，因为风景绝美，更是有"天下江山第一楼"的美称。唐代崔颢就写了《登黄鹤楼》：昔人已乘黄鹤去，此地空余黄鹤楼。黄鹤一去不复返，白云千载空悠悠。晴川历历汉阳树，芳草萋萋鹦鹉洲。日暮乡关何处是？烟波江上使人愁。

武当山

武当山位于湖北十堰丹江口,也被称为太岳,是道教圣地。很多影视、小说里都有"少林武当"的说法,这是中华武术两个十分重要的流派。在金庸小说《倚天屠龙记》中,张三丰开创了武当派,自创了太极拳、太极剑,还收了七个弟子,分别是宋远桥、俞莲舟、俞岱岩、张松溪、张翠山、殷梨亭、莫声谷,人称"武当七侠"。

汉江

汉江是长江最大的支流,与长江、淮河、黄河并称为"江淮河汉"。汉江主要流经湖北和陕西。汉江也有很多支流,比如,任河、夹河、丹江等。

梦中的青藏云贵

九曲黄河万里沙，浪淘风簸自天涯。
如今直上银河去，同到牵牛织女家。

——《浪淘沙》/ 刘禹锡

　　在那高高的地方，有距离太阳最近的土地，也有像宝石一样的湖泊，那里有最高的山峰，也有最美的石林。

青海省

青海省，简称"青"，省会西宁，是少数民族的聚居地，这里居住有藏族、回族、蒙古族等。

青海湖

青海湖，有蓝色的水面，青色的草地，远处朦胧带着蓝调的远山。青海湖最初是淡水湖，但是，随着气候的变化，它逐渐成了咸水湖。

孟达林区

孟达林区是青海的一个原始自然林区，在苍翠的青山之中，有一个湖泊被环抱，整个地方的山势很高，也很陡峭，抬头望去有如刀砍斧劈。整座森林保护区有很多珍稀的动植物，环境非常好，被人称为"青海高原的西双版纳"。

阿尼玛卿山

阿尼玛卿山是一座位于青海的雪山。阿尼玛卿山对于藏族地区的人民来说具有特殊的意义。传说，阿尼玛卿山山神被他的父亲派来保护藏族地区的人民，帮助百姓惩罚和驱赶邪魔，给他们带来丰收与和平。

塔尔寺

塔尔寺是我国著名的藏传佛教格鲁派寺院。塔尔寺有"三绝"，分别是酥油花、壁画和堆绣。其中，酥油花是一种以酥油为材料进行雕塑的艺术，从色彩来说，酥油花五颜六色，十分丰富饱满；从造型来说，酥油花有花鸟虫鱼、佛教人物等，形态各异。

青海野骆驼

万丈盐桥

藏羚羊

万丈盐桥是格尔木到敦煌的一段公路。修建在察哈尔盐湖之上。这座桥全长 32 千米，体现了人类的智慧。万丈盐桥两旁的风景绝美，引人赞叹。

西藏自治区，简称"藏"，首府拉萨，是我国五个少数民族自治区之一，拥有灿烂的藏族文化。

珠穆朗玛峰

珠穆朗玛峰简称"珠峰"，是世界第一高峰。珠峰的所在地曾经是一片海洋，最后经过漫长时间的地质变化，才逐渐形成了现在的山峰。珠穆朗玛峰的具体高度一直都在随着环境而变化。珠穆朗玛峰上气温很低，有些地方常年都有积雪，空气稀薄，所以攀登珠峰的人一定要经过专业训练，否则很容易出危险。

雅鲁藏布江

雅鲁藏布江发源于我国西藏地区喜马拉雅山北麓的杰马央宗冰川。对于藏族同胞来说，雅鲁藏布江有特殊含义，是母亲河。

拉萨

拉萨是西藏政治、经济、文化中心，这里的宗教主要是藏传佛教。拉萨这座古城有很多历史悠久的建筑物，比如，布达拉宫、大昭寺、小昭寺，等等。

大昭寺

在拉萨老城区中心，有一座大昭寺。大昭寺在藏传佛教中的地位很高。大昭寺里供奉着释迦牟尼 12 岁等身像，据说是当年文成公主带去吐蕃的。大昭寺不远处有一株柳树，被称为"公主柳"，相传是文成公主当年栽种的。

西藏牦牛

布达拉宫

　　在拉萨玛布日山上，有一座雄伟的宫殿——布达拉宫，这座宫殿依山而建，结合了藏族和中原风格，是中华民族古代劳动人民智慧的结晶。据说，布达拉宫是唐朝时，松赞干布为了迎娶文成公主修建的。布达拉宫分为白宫和红宫两个部分，既有政治作用，也有宗教作用。

罗布林卡

    在拉萨，有一座典型的藏族风格的园林，它就是罗布林卡。在这里，长满了高原地区独有的植物，也有从中原或者国外引进的植物。从建筑格局来说，这里主要是有格桑颇章、金色颇章、达旦明久颇章。古代罗布林卡只有少数贵族阶层的人才能进入，现在则是老百姓都可以游玩欣赏的园林场所。

云南省

云南省，简称"滇"，省会昆明，有"七彩云南"之称，是重要的少数民族聚居地。

玉龙雪山

玉龙雪山是云南丽江的雪山群，山上有些地方终年都有积雪。因为玉龙雪山的山势连绵相依，蜿蜒盘旋犹如一条巨龙，所以将之称为"玉龙"。玉龙雪山附近居住着很多不同民族的人，比如，纳西族、汉族、藏族、彝族、白族等。

西双版纳

西双版纳因为其独特的热带自然景观而闻名，这里的动物和植物都是在内陆地区很少看到的。有时候，我们可以看到一群大象在树林里穿梭；有时候，我们又能看到孔雀从林间飞过。西双版纳的傣族泼水节也十分有名，节日期间大家会往彼此身上泼水，被泼的水越多说明受到的祝福越多。

石林

　　在云南昆明有一处地方，那里的石头像小山一样耸立，形成一副十分独特的石头森林模样，这里就是云南著名的"石林"，其实这是喀斯特地貌的一种形态。

昆明湖

　　昆明湖也被称为"滇池"，滇是云南省的简称，而昆明湖是云南省最大的淡水湖，每逢春天这里有大片的樱花盛开，景色十分宜人。

沾益

沾益位于云南曲靖。沾益的地理位置十分重要，有"入滇门户"之称。在沾益境内，有一处七彩大峡谷。这里的石壁有红、黄、白、蓝、青、紫等色，再搭配五彩缤纷的植物和自然景象，的确是名副其实的"七彩"大峡谷。

亚洲象

绿孔雀

丽江古城

云南的丽江古城，有万古楼、五凤楼、普济寺、四方街、丽江东巴文化博物院等。丽江古城最负盛名的就是木府了，这座建筑群历经元、明、清三个朝代，是统治丽江的土司的官邸。

贵州省

贵州省，简称"黔"，省会贵阳，不仅是古人类发祥地之一，还孕育了"观音洞文化"。

黄果树瀑布

黄果树瀑布是亚洲最大的瀑布。明代的徐霞客对黄果树瀑布的描写十分传神，"透陇隙南顾，则路在一溪悬捣，万练飞突，溪上石如莲叶不露，中剜三门，水由叶上漫顶而下……"大意就是瀑布的水落下的时候，就像珠玉四溅弹开的样子，飞溅出来的泡沫如同烟雾一样，气势非常雄浑。

梵净山

梵净山是我国的佛教名山之一，有"武陵正源，名山之宗"的美誉。梵净山因为自然环境保护做得十分到位，所以山上有很多珍稀动植物，其中一种就是黔金丝猴。这种金丝猴与川金丝猴相似，但是体型更小，主要在梵净山一带活动。黔金丝猴数量稀少，十分珍贵。

铜仁

铜仁位于贵州境内。从地理位置看，铜仁和湖南怀化以及重庆相接，有"黔东门户"之称。铜仁市主要的少数民族是侗族，侗族有个传统节日，称为"三月三"。这天，侗族的男女老少会穿着传统服饰，或游乐，或唱山歌庆祝。

贵州龙

赤水

赤水有"丹霞之冠"的美誉。中国丹霞地貌景区的代表主要有赤水丹霞、湖南崀山、广东丹霞山、福建泰宁、江西龙虎山、浙江江郎山等。丹霞地貌是指在长期风化、流水作用等的侵蚀下，红色岩砂形成的各种奇形怪状的山峰和石头等。

黔金丝猴

海百合

西江千户苗寨

　　西江千户苗寨由很多自然村寨联合而成，是我国最大的苗族聚居村寨。我们在这里可以欣赏到苗族文化，比如苗年节。过苗年的日期，各地不尽相同。一般过节的时候，大家都会喝酒跳舞，用芦笙来伴奏。无论男女老少，都会打扮得十分隆重，还会有对歌活动。

织金洞

　　织金洞是典型的喀斯特地貌，洞里面的石柱、石笋造型各异、规模庞大，几乎涵盖了所有喀斯特的形式，其布局纵横，石峰交错，流水潺潺，溶洞内景观恍若世外仙境，被称为"中国最美的十大奇洞"之首。

岭南的风

万里人南去，三春雁北飞。

未知何岁月，得与尔同归？

——《南中咏雁》/ 韦承庆

　　如果每一个地方都有独属于自己的气味，那么，岭南应该是花草果木的香气，带着一股温热的气息，让人留恋。

广东省，简称"粤"，省会广州，是我国古代时候南越民族的聚居地。

白云山

白云山，南粤名山之一，自古就被称为"羊城第一秀"。每到秋季，常有白云冉冉升起，白茫茫一片，白云山名由此而来。

丹霞山

丹霞山，就是丹霞地貌的命名地。丹霞山的特产有沙田柚、白毛茶、木耳等。其中丹霞山沙田柚可称极品，柚香清新扑鼻，果肉清甜可口，形状圆润可爱，这样的口感，或许和丹霞山的土质有关。所以，很多人想要种植这种柚子，都会到丹霞山来取种。

越雄黄颡鱼

广东黑鱼

潮州

潮州，在今广东境内，是广东东部沿海的港口城市。潮州在广东，按理说，潮州人应该说广东话，但是，潮州话其实属于闽语系，潮州话还和闽南语之间有一定区别。

罗浮山

罗浮山与西樵山合称为"南粤二樵"，西樵山不仅是一座拥有万年历史的死火山，同时在那里发现了史前时期制造场。而罗浮山也因为风景优美，且气候凉爽，被称为"岭南第一山"。宋代的大文豪苏东坡曾写过一首诗——"罗浮山下四时春，卢橘杨梅次第新。日啖荔枝三百颗，不辞长作岭南人"。

广州

对于喜爱美食的人来说，广州值得一说的就是饮食。广州人喜爱吃早茶，点心种类多种多样，比如，叉烧包、荷叶鸡、烧卖、蒸凤爪、菠萝包等。

广西壮族自治区

广西壮族自治区，简称"桂"，首府南宁，是我国五个少数民族自治区之一，也是我国与东南亚交流的重要地区。

桂林

桂林因为风景优美、气候宜人、物产丰富，有"桂林山水甲天下"之称。桂林以风景著称，例如，漓江、阳朔、象鼻山等地。

阳朔

除了"桂林山水甲天下"，还有一种说法是"阳朔山水甲桂林"。也就是说桂林的风景天下无双，而桂林的阳朔更甚。另外，阳朔的矿产十分丰富，有铜、铁、锰、铅等。

灵渠

　　在广西新安，有一条灵渠，这条灵渠的修建历史可以追溯到秦朝。秦朝之时，秦始皇想要开疆扩土，于是他把眼光投向了南方。在做了各种调度之后，便有了秦始皇派兵南征百越。秦军在进攻的过程中，遭到了当地人的反抗，于是为了疏通道路、运输军需等，秦始皇派人修建了灵渠。

柳州

　　柳州是一座许多民族聚居的历史名城，包括壮族、汉族、苗族、侗族、瑶族等。柳州有一道很出名的小吃，就是柳州螺蛳粉，里面的汤头是用螺蛳熬制而成，再加上酸笋、花生和其他调料，就成了一碗鲜香的螺蛳粉。但是，吃不惯螺蛳粉的人会觉得气味比较刺激。

南宁

　　南宁是广西的第一大城市。居住在南宁的当地人有很多都是壮族人。壮族的饮食很有特色，有一种食物名为"五色糯米饭"。做法就是淘洗糯米之后，分别将糯米浸泡在枫叶、黄花、紫番藤、红蓝草等植物的汁液中，这些汁液都是可食用的，最后糯米自然就有了不同的颜色。这样蒸出来的糯米饭不仅味道甘美，而且色彩缤纷。

广西中华鲟

广西异岗冕雀

德天瀑布

在广西，有一条十分壮观雄伟的瀑布，瀑布的水自上而下地撞击河流，溅起来的水花也十分有气势。这条瀑布名为"德天瀑布"，是世界第四大跨国瀑布，与越南的板约瀑布相连。

香港特别行政区，简称"港"，是一个经济十分繁荣的国际大都市。

车公庙

车公庙是一座历史建筑。南宋时期，有一名将士叫车公，后来因为平乱有功被封为元帅。当时，南宋大军和蒙古大军交战，车公一路护主，不幸半途身死。为了纪念车公的忠义，便有了这座车公庙。

维多利亚港

维多利亚港是香港岛和九龙半岛之间的海港。维多利亚港的名字源于英国汉诺威王朝的最后一位君主维多利亚。

紫荆花

文武庙

　　文武庙分为文庙和武庙，文庙有学宫，武庙有武宫。整个庙分为三栋建筑，分别是文武庙、列圣宫和公所。文武庙里面主要供奉的是孔子和关羽，还有一些神仙。

杜莎夫人蜡像馆

　　香港杜莎夫人蜡像馆，位于香港太平山山顶凌霄阁。在蜡像馆里，不同的主题馆里有不同人的蜡像。如果喜欢篮球活动的话，这里有姚明的蜡像；如果喜欢电影的话，这里有刘德华、张国荣、梅兰芳等人的蜡像。

香港迪士尼乐园

　　香港迪士尼乐园，是我国第一座迪士尼乐园。整个园区分为七个主题，它们分别是美国小镇大街、探险世界、幻想世界、明日世界、玩具总动员大本营、灰熊山谷，以及迷离庄园。为了方便来这里游玩的人，园区还设置有配套的餐饮、售卖等区域。

杜莎夫人

79

澳门特别行政区，简称"澳"，是国际自由港。澳门历史城区被列入联合国世界文化遗产。

澳门特别行政区

松山

松山是澳门半岛的最高山。与其说松山是一处天然自然景观，不如说它更像是澳门的标志性"建筑"，这里像一个天然坐标。灯塔松涛是澳门八景之一，这里的松涛说的就是松山的松涛。

妈祖阁

妈祖阁是澳门十分著名的名胜古迹之一，已经有几百年的历史了。庙里供奉的是妈祖。妈祖在民间传说中是管理海上事务的神仙，海上事务包括船员出海、渔民出海等。

普济禅院

普济禅院至今还保留着明清时期的一些风格。普济禅院分为三大殿，一个是大雄宝殿，一个是长寿佛殿，一个是观音殿，分别供奉着三宝佛像、长寿佛、观音、罗汉等。

渔人码头

　　渔人码头既是澳门的一个主题公园，也是十分有名的购物中心。不仅如此，渔人码头不仅有中国典型的古式建筑，还有很有代表性的西方景观，这样的设计更像一个大型的游乐城。

白琵鹭

黄高鳍刺尾鱼

大三巴牌坊

　　大三巴牌坊也被称为"大三巴"或者"牌坊"，是圣保禄大教堂的遗址。圣保禄大教堂是一座融合了中西方特色的建筑，它既有西方教堂典型的天使、鸽子等形象，也有如牡丹一类的东方元素。

孔雀东南飞

日照香炉生紫烟，遥看瀑布挂前川。

飞流直下三千尺，疑是银河落九天。

——《望庐山瀑布》/ 李白

东南方的土地，有山、有河、有海、有人，虽不似小桥流水人家一般旖旎，却多了一份人间烟火的快活。

浙江省

浙江省，简称"浙"，省会杭州，是我国吴越文化和江南文化的重要发源地。

雁荡山

雁荡山同普陀山一样，也是一座有名的"海上仙山"。雁荡山被分为了北雁荡山、南雁荡山、西雁荡山、东雁荡山、中雁荡山。从古至今，有很多名人雅士踏足此地，比如南北朝时期的诗人和旅行家谢灵运，还有写下《徐霞客游记》的徐霞客，以及写下《梦溪笔谈》并被后人称为"中国整部科学史中最卓越的人物"的沈括。

西湖

中国有句俗语，叫作"上有天堂，下有苏杭"。杭州为人称道的一处美景便是西湖。西湖不仅景色宜人，还有很多充满了浪漫主义色彩的民间传说，《白蛇传》就是最为人熟知的一个传说。

普陀山

　　白居易在他的千古名篇《长恨歌》中写有"忽闻海上有仙山，山在虚无缥缈间"，说的就是一种神奇、缥缈的仙山境况。普陀山正是如此。普陀山不仅风景优美，植被生长也十分茂盛，包括马尾松、杉木、紫竹、白茅草等，所以有"海上植物园"之称。

乌镇

　　浙江很有代表性的江南小镇，乌镇可以名列前茅。乌镇有那种"小桥流水人家"的江南风格，布局十分柔婉。这个古镇不仅有历史风光，更有现代气息。2014年11月19日，乌镇成为世界互联网大会永久会址。

若耶溪

　　若耶溪现在的名字叫作平水江，是绍兴市一条有名的溪流。溪水澄清明亮，两岸风景如画。据说此处盛产珠茶，也出产铜矿。春秋时期，绍兴一带是越国的建国地。到了秦朝的时候，这一带就被称为会稽郡。随着历史发展，到了南宋时期，绍兴这个名称才被保留并沿袭至今。

鹅耳枥

白鹤

绍兴

提到绍兴，就不得不提绍兴酒。世界上有三大酿造酒，葡萄酒、啤酒、黄酒。其中黄酒源于中国，比较有代表性的就是绍兴酒。绍兴酒的种类十分丰富，有元红酒、加饭酒、善酿酒、香雪酒、花雕酒等。我们经常听到的一种就是花雕酒，其味道甘醇，根据不同储藏时间也分为三年陈、十年陈等。

福建省，简称"闽"，省会福州，是我国古代海上丝绸之路的重要通道，也是客家文化的代表地区。

武夷山

武夷山不仅是福建第一名山，同时还是三教名山，是道家、儒家、佛家文化的影响地。在武夷山风景区中有一处大红袍景区，这里的大红袍茶树已经有百年历史。武夷山的大红袍母树，已经作为古树名木，列入了世界自然与文化遗产。

安平桥

福建有一座安平桥，是我国现存古代最长的石桥。相传，这里曾经有两条孽龙兴风作浪，一位道长为了镇压孽龙，变出了一条七彩锁链。后来，老百姓把这条锁链用石头砌了起来，因此这座石桥后来就被称为"安平桥"。

短尾鸦鹊

清源山

　　清源山有一处观音寺，整个寺庙的墙壁是红色的，檐脚飞翘，四周有树木环绕，氛围清新而宁静。寺庙里供奉着一尊释迦牟尼像，这尊佛像是石雕像，历史可以追溯到宋朝。这尊佛像不仅历史悠久，而且雕刻技艺精湛。此外，清源山还有很多其他去处，比如清源天湖、百丈坪等。

蘑菇

塔巷

三坊七巷

　　三坊七巷是位于福州的古建筑遗存之一。三坊是分别是衣锦坊、文儒坊、光禄坊；七巷分别是杨桥巷、郎官巷、安民巷、黄巷、塔巷、宫巷、吉庇巷。此外，还有南后街、马鞍墙等地。

鼓浪屿

　　鼓浪屿是一处小岛，海浪时常冲击鼓浪屿上的海蚀洞，声音就像鼓声一样。这就是鼓浪屿名称的由来。海蚀洞则是山丘在海浪的冲击侵蚀下，逐渐被掏空而形成一个洞穴。

土楼

　　土楼是一种大型民居的建筑形式，主要是以泥土建筑墙体。在我国，福建土楼的整体建筑保存比较完好，建筑形制也比较多样化，而且不仅数量众多还分布很广。福建土楼在我国土楼建筑中十分具有代表性。动画片《大鱼海棠》里的建筑就有对福建土楼的借鉴。

江西省，简称"赣"（gàn），省会南昌，素有"鱼米之乡"的美称，景德镇制造的瓷器驰名中外，被称为"瓷都"。

庐山

庐山中国的名山之一，位于江西庐山境内。庐山的特点，归纳起来，就是四个字——雄、奇、险、秀，因此便有了"匡庐奇秀甲天下"的美称。庐山有许多悬崖峭壁，坡势都十分陡峭，这就为形成瀑布提供了条件。再加上这里降雨十分丰富，所以才有了"疑是银河落九天"这样的画面。

滕王阁

滕王阁位于江西南昌。相传，唐太宗李世民的弟弟李元婴曾被封为"滕王"，滕王后来调任到现在的江西，建了这座滕王阁。很多人对滕王阁的认识，或许是从王勃的那篇千古名文《滕王阁序》中所得。他那句"落霞与孤鹜齐飞，秋水共长天一色"流传至今。

白颈长尾雉

景德镇

景德镇是我国有名的"瓷都"，这里生产的瓷器驰名中外。景德镇的瓷器之所以细腻精美，和用料有关。景德镇高岭村有一种颜色白皙且细腻的土，被称为高岭土。用这种土做出来的瓷器，无论是质地还是光泽感都十分上乘。也正因为如此，从古至今，景德镇的瓷器生产与销售在我国名列前茅。

三清山

　　三清山位于江西上饶。三清山有三座高峰，分别名为玉京、玉虚、玉华。这三座山峰正如道教文化中的玉清、上清、太清三位尊神，这就是三清山名字的来源。有一个民间传说是，明朝的时候，朱棣称帝，而他的侄子建文帝朱允炆并没有自焚，而是藏身在了三清山。

大庾岭

　　大庾岭是南岭中的"五岭"（越城岭、都庞岭、萌渚岭、骑田岭、大庾岭）之一，位于江西大余（古称大庾县）梅岭附近，与广东相接。大庾岭，是很重要的交通要道和军事要地，所以历史上秦始皇、汉武帝等都派军队在这里打过仗。

龙虎山

虎纹蛙

　　龙虎山是道教的发祥地之一。龙虎山和应天山、仙水岩、马祖岩、洪五湖、上清宫等组成了当地十分著名的旅游胜地——龙虎山风景名胜区。相传，张道陵就是在龙虎山炼丹大成。张道陵是道教正一道（也称为天师道）的创始人。后人也将其称为张天师。

安徽省，简称"皖"，省会合肥，历史上涌现了中国商帮之一的徽商，也是我国的技术创新工程试点省。

黄山

黄山是一座十分有特色的雄峰，它有"五绝"为人称道，分别是奇松、怪石、云海、温泉、冬雪。其中，"黄山十大名松"中，我们比较熟悉的就是迎客松。据说这棵松树至少有800岁了。之所以将之称为迎客松，是因为它有一部分树枝像人的手一样展开，仿佛在欢迎远道而来的客人。

亳州

说到亳州这个地方，有一个历史人物就不得不提了，他就是曹操。亳州不仅有曹操地下运兵道、曹操宗族墓群，还有曹操公园。除了拥有众多的历史名人，亳州还是出名的药城，它是世界最大的中药材集散中心和价格形成中心，所以，亳州也被称为"药都"。

扬子鳄

琅琊山位于安徽滁州。北宋文学家欧阳修有一篇名文《醉翁亭记》，就有描写琅琊山的文字："环滁皆山也。其西南诸峰，林壑尤美，望之蔚然而深秀者，琅琊也。"琅琊山的美景，不止欧阳修一人赞叹过，还有其他很多名人也描写过，比如，唐代诗人顾况、韦应物，北宋诗人王禹偁等等。

天柱山

　　在安徽安庆的潜山境内，有这样一座山，在汉朝的时候被封为"南岳"，它就是天柱山。天柱山现在因为物理风化的作用，有时候会出现一些断层坍塌的现象，这样的情况反而让这座山呈现一种独特神秘的造型，笔直、锋利又颇为错落。

明皇陵

　　在安徽滁州凤阳，有明朝的开国皇帝朱元璋为自己的亲人所修建的陵墓，被称为明皇陵。因为各种自然和人为的损坏，明皇陵已经不复昔日的辉煌，现在仅剩下一些丘陵和石刻。石刻由整块石头雕刻而成，造型既有人也有动物，而且细节上非常精巧。

采石矶

采石矶位于安徽马鞍山，与南京的燕子矶、岳阳城陵矶并称"长江三大名矶"。"矶"就是石滩、水边大石头的意思。

白鳍豚

江南春水绿如蓝

江南好，风景旧曾谙。

日出江花红胜火，

春来江水绿如蓝。

能不忆江南？

——白居易《忆江南》

江南的山，江南的水，都带着温暖的气息。那里
有若干的文人雅士，那里有漫山的灼灼桃花，如此，
便有了一分鱼米飘香，一分佳期如梦。

江苏省

江苏省，简称"苏"，省会南京，是"吴文化""金陵文化""淮扬文化"的重要发源地。

金陵

金陵就是如今的南京。金陵是南京最负盛名的一个称谓。比如，提到金陵，就容易让我们联想到金陵十二钗等。南京的夫子庙是一处可以游玩的好地方，各种南京小吃琳琅满目，不仅花样多，而且口味丰富。

扬州

　　扬州就在京杭大运河与长江的相交处。从古至今，人们对扬州的赞美就不曾少过，正所谓"烟花三月下扬州"，也有"淮左名都，竹西佳处"之说。扬州的繁华和美景在我国也很有历史渊源。在政治、经济、文化上，扬州都有其优势和独到之处。

苏州园林

　　苏州园林是苏州古典园林的简称。当我们提到"江南"二字的时候，除了吴侬软语的方言，再想到的就是园林。苏州园林的建筑具有很高的艺术审美价值，比如，狮子林、拙政园等。

连云港

连云港是一座历史悠久的城市，它不仅渔业资源发达，航运也很便捷。最有意思的是，这里储藏着大量的东海水晶。水晶是一种矿石，它既有无色透明的白水晶，也有有色或有包裹物的，如粉晶、茶晶、发晶等等。

洪泽湖鲴鱼

洪泽湖螃蟹

洪泽湖

　　洪泽湖是淡水湖，这里不仅物产丰富，盛产鱼虾蟹等美味，同时，洪泽湖也是重要的航运枢纽。为了对洪泽湖进行治理，我国修建了一系列的水利工程，比如，洪泽湖大堤、三河闸等等。

京杭大运河

　　京杭大运河既有人工开凿的部分，也有自然湖泊、河流的部分。如果要走完整条运河，我们从北京出发，经过天津、河北、河南、山东等地，最后来到杭州，这就是京杭大运河的终点了。同时，京杭大运河也连通了长江、黄河、淮河、海河、钱塘江等。京杭大运河的修建，是世界水利工程史上的一大奇迹。

上海市，简称"沪"，是中华人民共和国直辖市，也是中国经济发展最快的地区之一。

外滩

外滩位于上海黄浦区的黄浦江畔。"晚清"的时候，外滩一带被划为英国的租界，所以，外滩的建筑风格多种多样，有罗马式、哥特式、巴洛克式等，还有一些中西合璧的建筑风格。

豫园

豫园是一座十分典型的江南古典园林。豫园原本是明朝时候一位官员的私人园林，后来官员家道中落，园林被人买去重修。

东方明珠

东方明珠全称是东方明珠广播电视塔，是上海的标志性建筑。电视塔有三个球体，由下至上，球体越来越小。发射天线桅杆长110米，基本上覆盖了上海和邻近省市的部分地区。

陆家嘴

在上海有一块类似唇部形状的冲击沙滩。在明朝时，有一位姓陆的翰林学士，他不仅出生在这里，也卒于此处，所以，为了纪念此人，这个地方便被称为"陆家嘴"。"晚清"的时候，这里建立了很多码头、工厂、仓库。现在，陆家嘴也是一个经济繁荣的地方。

老城隍庙

有人说，如果去了北京，不去长城和故宫，那么就等于没有到过北京。对于上海来说，如果没有去过老城隍庙，那就等于没有去过上海。城隍，在民间传说中，是守护城池之神。明清以后，城隍更多指的是神祇的官职，比如，府城隍和县城隍就有官职大小之别。

上海迪士尼乐园

上海迪士尼乐园是中国的第二个迪士尼乐园。整个园区分为七个主题，它们分别是米奇大街、奇想花园、探险岛、宝藏湾、明日世界、梦幻世界、玩具总动员大本营。不仅如此，上海还有一个专门的地铁站就是迪士尼站，为很多人到上海迪士尼乐园提供了很大的便利。

"凤头䴙䴘"俗称"浪里白"

野生貉

白山黑水

营州少年厌原野，狐裘蒙茸猎城下。
虏酒千钟不醉人，胡儿十岁能骑马。

——《营州歌》/ 高适

东北的儿郎们，自有一股豪气，似乎连他们的笑声，都有一种策马扬鞭的喜悦，这里的山川湖海，也有着游刃有余的硬气。

黑龙江省，简称"黑"，省会哈尔滨，既是我国的重工业基地，也是产粮大省。

哈尔滨

一到冬天，哈尔滨的温度就十分低。正是因为有这样得天独厚的自然条件，所以这里的冰雕艺术十分发达。哈尔滨的冰雪文化艺术驰名中外。每逢冰雪节，哈尔滨人就会用冰块为材料，制造出各种造型的冰雕，有城堡、人像、动物造型，或者其他更加稀奇古怪的充满想象力的雕刻。

松花江

松花江是黑龙江的一大支流。松花江流域十分宽广，它的流经地区包括了我国的黑龙江、吉林、辽宁、内蒙古等地。松花江的鱼品种十分丰富，其中最主要也是最知名的是"三花五罗"，它们分别是鳌花鱼、鳊花鱼、鲫花鱼、哲罗鲑、法罗鱼、雅罗鱼、胡罗鱼、铜罗鱼。

黑龙江

　　黑龙江是我国四大河流（长江、黄河、珠江、黑龙江）之一。黑龙江和黑龙江的支流乌苏里江等，都出产大马哈鱼。大马哈鱼肉质鲜美、营养丰富，是十分可口的食材。

雌丹顶鹤

黑龙江将军府

　　清朝康熙年间，黑龙江就修建了一座官邸，该官邸从开衙到最后一任将军，一共经历了76任。现在的黑龙江将军府是一座综合性展览馆，设有黑龙江将军府历史文化陈列室、寿山将军生平陈列室、碑林陈列室、旗人文化展、齐齐哈尔风貌图片展等。

东北烈士纪念馆

1948 年 10 月 10 日，东北烈士纪念馆开馆。这里收藏并展出的物件包括文物、文献、资料、图片、照片、档案等，不仅展示了东北人民在抗日战争期间所付出的血汗和艰辛，更表现出了东北人民为了抵抗日本侵略者、解放中华民族所做出的贡献。纪念馆的氛围肃穆，让人感受到历史的沉重，也让人懂得要珍惜今天的和平生活。

齐齐哈尔

齐齐哈尔是世界珍禽丹顶鹤之乡，所以，齐齐哈尔又被称为"鹤乡"。齐齐哈尔的扎龙自然保护区是世界范围内都十分知名的水禽、鸟类保护区。

辽宁省，简称"辽"，省会沈阳，既是我国近代历史上开埠最早的一个省份，也是工业大省。

鸭绿江

在满语里，鸭绿江就是"边界之江"的意思。有人说鸭绿江这个名字的来源是因为这里的江水颜色跟绿头鸭的脑袋颜色很像，就是那种绿色和蓝色混杂在一起的颜色。鸭绿江附近还有丹东鸭绿江大桥、老虎哨景区和虎山景区等。

朝阳

今天的辽宁朝阳旧称营州。朝阳地理位置很好，和葫芦岛、河北的承德、内蒙古的赤峰等地相接。朝阳麻花布，是辽宁的一个特产，它的制作原理和蜡染布差不多，布面上用各种如圆形、半圆、方形、菱形等几何图案组成一个完整的花鸟虫鱼等图样，十分美丽。

大连

　　大连这座城市，依山傍水，自然条件很好，因为靠近黄海和渤海，所以海产丰富，比如，紫菜、裙带菜、带鱼、墨鱼、鲍鱼、刺参、扇贝等。同时，因为靠近韩国、日本、俄罗斯等国，所以，旅游经济也发展得不错。

带鱼

辽参

扇贝

沈阳故宫

女真部首领努尔哈赤建立了后金，后来皇太极将国号改为大清。之后，清兵入关，明朝灭亡，清朝定都现在的北京。北京城有一座故宫，而在辽宁沈阳也有一座沈阳故宫，这座故宫是清兵"入关"以前的皇室宫殿。

鞍山千山

千山位于辽宁鞍山，又名千华山、千朵莲花山。非常有意思的是，这里的山峰共有九百九十九座，虽差了一座，但是也被称为千山。这些山峰造型独特，就像是绽放着美丽花朵的花园。而且，这里一年四季，风景轮转，春花冬雪，都十分有情致。

清昭陵

关外三陵也称为"盛京三陵"。盛京就是现在的沈阳,三陵指的就是清朝时期的三个皇室陵墓,它们分别是福陵、昭陵和永陵。其中,清昭陵里面埋葬的是清朝的皇太极以及他的皇后博尔济吉特氏。

119

吉林省，简称"吉"，省会长春，是我国十分重要的工业基地，也是地位十分重要的林业基地。

长白山

长白山，常年覆盖积雪，同时，山上还有白色浮石，"长白山"这个名字因此而得。其自然资源被保存得十分完好，它的树林、峡谷、山峰和瀑布等，都展示了大自然的鬼斧神工。

官马溶洞

在吉林有一座特别壮美的喀斯特溶洞，名为官马溶洞。这里有六个"大厅"，每一个大厅都有自己独特的主题。发挥想象力你会看到，有的像一尊菩萨像，有的则长着一副乌龟的模样，这些都是亿万年结晶而成的艺术品。

查干湖

  查干湖在蒙古语中称为"查干淖尔",意为白色圣洁的湖,位于吉林的西北部,这里的渔猎文化十分有趣。纪录片《舌尖上的中国》就提到过查干湖捕鱼。

高句丽古迹

在吉林集安，有高句丽的古迹，是高句丽时代的古墓群。高句丽在唐朝的时候，为大唐和新罗所灭。早在隋朝的时候，中原政权就曾和高句丽对战，因为战争消耗太大，朝廷的负担也很重。所以，隋朝的灭亡，有一部分原因也是受到了征讨高句丽的影响。

长春电影制片厂

喜欢看老电影的人，对这几个字不会陌生——长春电影制片厂，这里孕育出了《刘三姐》《白毛女》《五朵金花》等很多优秀作品。长春电影制片厂不仅拍摄出了很多获奖作品，更是代表了中国电影业的一段光辉历史。

莫莫格国家级自然保护区

　　在吉林白城市的镇赉（lài）县，有莫莫格国家级自然保护区。这里的湿地面积大，不仅植物种类丰富，动物的数量也不少，尤其是鹤类，比如，丹顶鹤、白鹤、灰鹤等。

丹顶鹤

白鹤

远方的草地

敕勒川，阴山下。天似穹庐，笼盖四野。

天苍苍，野茫茫，风吹草低见牛羊。

——《敕勒歌》/ 无名氏

"蓝蓝的天上白云飘，白云下面马儿跑……"那一望无际的草地，草地里的牛羊，也就成了一道独特的风景。

内蒙古自治区，简称"蒙"，首府呼和浩特，是我国五个少数民族自治区之一，草原、森林和人均耕地面积位于我国前列。

内蒙古自治区

阴山山脉

阴山山脉位于我国内蒙古地区，山势险峻，且有很多山峰相互连绵，包括狼山、乌拉山等。历史上，阴山是农耕文化与游牧文化的冲突交融地带。王昌龄的名句"但使龙城飞将在，不教胡马度阴山"流传至今。

成吉思汗陵

孛儿只斤·铁木真被尊称为"成吉思汗"。成吉思汗陵就在内蒙古。但是，这个成吉思汗陵只是衣冠冢，而不是真正埋葬他的地方。成吉思汗生前就是一位了不起的政治家和军事家，他死后也留下了一段段神秘的传说。

乌梁素海

乌梁素海位于我国内蒙古巴彦淖尔乌拉特前旗，乌梁素海是蒙古语，意思是"杨树林湖"，是很少见的大型草原湖泊，被称为"塞外明珠"。乌梁素海拥有很好的绿色生态景观，这里十分适合鱼类和鸟类的繁衍，是一个不错的旅游地。

玉猪龙

C 形龙

杭锦后旗

杭锦后旗位于我国内蒙古巴彦淖尔中西部。巴彦淖尔是蒙古语，意思是"富饶的湖泊"。杭锦后旗，虽然隶属于内蒙古，但是，住在这里不只是蒙古族人，还有其他少数民族也居住在此地，比如，回族、满族等。

红山文化

红山文化因为第一次被发现于内蒙古赤峰红山而得名。红山文化最让人着迷的，是它当时的玉雕技术。玉石被加工成了各种不同的形象，被制作成鸟兽形状的就有玉鸟、兽形玉，同时，还有玉猪龙、C形龙等。

锡林郭勒

　　我国有四大草原，分别是内蒙古的锡林郭勒草原、呼伦贝尔草原，新疆的伊犁草原、西藏的那曲高寒草原。因为锡林郭勒草原是蒙古族的发祥地之一，所以，那里至今还流传着蒙古帝国可汗成吉思汗的很多故事。而成吉思汗的后人忽必烈，也是在这里建立了元朝。

宁夏回族自治区

宁夏回族自治区，简称"宁"，首府银川，是我国五个少数民族自治区之一，素有"塞上江南"的美誉。

沙湖

在宁夏石嘴山平罗境内有一处沙湖，这里不仅有美丽的山水，还有成片的芦苇和鸟类，如中华秋沙鸭、黑鹳、天鹅等。这里动植物资源如此丰富，正说明了这个地方的环境被保护得很好。

中华秋沙鸭

黑鹳

苍鹭

黄沙古渡

黄沙古渡原生态旅游景区是国家级的湿地公园。这里不仅有沙漠风光，还有湿地美景。除了自然环境，这里还有蕴含历史风味的去处，比如，月牙湖、黄河古镇等。

沙坡头

在宁夏的腾格里沙漠边缘，有一处集沙漠、绿洲、黄河、高山为一体的美景，这里既能看到"大漠孤烟直，长河落日圆"的景色，又能看到"黄河之水天上来"的壮美，这个地方就是"沙坡头"。

西夏王陵

在宁夏银川，有一座西夏王陵，这是目前为止发现的规模最大的西夏文化遗址。西夏的先祖是生活在四川一带的党项族。宋朝的时候，自称北魏皇室鲜卑拓跋氏后裔的李元昊称帝，国号大夏，史称西夏。当时，宋、辽、夏、金几个政权混战，最后被崛起的蒙古政权击败，西夏最后就是亡于蒙古政权。

银川

银川是中国历史上西夏政权的都城。银川有"塞上湖城"的美誉，因为银川有很多的湖泊、湿地等，在气候相对比较干旱的西北一带，银川这样的地理环境优势，不愧其"塞上江南、鱼米之乡"的称谓。

在海边

我本海南民，寄生西蜀州。

忽然跨海去，譬如事远游。

平生生死梦，三者无劣优。

知君不再见，欲去且少留。

——《别海南黎民表》/ 苏轼

在温热的气候里，美丽的小岛被描画上了许多活泼的动物和植物，这里的生命都是那么的朝气蓬勃。

海南省

海南省，简称"琼"，省会海口，是仅次于我国台湾岛的第二大岛，是我国唯一的省级经济特区。

五指山

五指山是海南第一高山。五指山这个名字基本上已经表现出了它的外形特点，它就像是一只五指展开的手掌。这里是海南最主要的"自然林"。自然林的意思就是自然生成和人工促进生成而形成的森林。

文昌

海南的文昌有一道特色菜，名叫"文昌鸡"，号称海南"四大名菜"之首。文昌鸡的吃法和白切鸡很像，但是调料更加天然香醇，是享有盛名的一道菜。

神州半岛

神州半岛位于海南万宁市，是一个一年四季都十分温暖的地方，年日照时间将近三百天。神州半岛由六座岭组成，分别是牛庙岭、石门岭、凤岭、渥仔岭、马鞍岭、南荣岭。

海南山鹧鸪

兴隆热带植物园

在海南兴隆华侨旅游经济区内，有一座"兴隆热带植物园"，这里有热带果树、热带观赏植物、热带药用植物等，周边还有相对比较集中的山水名胜，比如，石梅湾、日月湾等。

海南坡鹿

三亚

　　三亚位于海南岛的最南端，有"东方夏威夷"
之称。因为是热带气候，所以三亚四季温暖潮湿。
三亚的主要港口包括三亚港、榆林港、南山港，
主要海湾包括三亚湾、亚龙湾、月亮湾。

椰子树

台湾省，简称"台"，省会台北，是我国第一大岛。

阿里山

有一首歌，名为《高山青》，里面有一段歌词就是"高山青，涧水蓝。阿里山的姑娘美如水呀，阿里山的少年壮如山……"这里说的就是台湾省的阿里山。阿里山，位于嘉义市。阿里山有"五奇"，分别是云海、森林、日出、晚霞和高山铁路。

日月潭

日月潭湖水碧蓝，周围有青山环抱。日月潭里有一个小岛，名叫拉鲁岛，在湖水中间，就像是一颗镶嵌在水面上的宝珠。

七星山

    七星山是台北第一高峰，位于阳明山公园。峰顶有十分广阔的瞭望台。附近重峦叠嶂，草木郁郁葱葱。因为这里处于火山群地带，所以，地热资源很丰富，形成了热气蒸腾、烟气氤氲的独特景观。

象山

　　象山在台北信义区，顾名思义，远远看去，山峰造势仿佛一头大象。象山附近还有虎山、狮山、豹山，也是因其造型像老虎、狮子、豹子，四山相邻，所以被人们合称为"四兽山"。

象山山岗

红嘴蓝鹊

垦丁位于台湾省屏东县。相传，"垦丁"这个名称的来源，是因为在清朝的时候，在台湾岛南部，有一批从大陆来的壮丁在这里开垦土地、安家立业。

阿里山古树

石斑鱼